NOTICE

SUR

M. CHARLES DE LACRETELLE

Membre de l'Académie française, Commandeur de la Légion-
d'Honneur, Chevalier de l'ordre de Saint-Michel, etc.

Publiée dans les *Archives des Hommes du jour,*

Revue mensuelle, historique et nécrologique,

PAR MM. TISSERON ET DE QUINCY.

Un historien habile, doué par conséquent des talens peu communs, qu'il faut posséder pour mériter ce beau titre, qui s'est trouvé témoin du *spectacle* (comme il s'exprime lui-même) *de la civilisation dégradée, de la société attaquée dans toutes ses bases,* a eu le courage de faire le hideux, l'effrayant tableau des crimes par lesquels les contemporains de sa jeunesse accomplirent cette œuvre inique, sans que ceux-ci aient élevé la moindre réclamation contre ces écrits, quoiqu'empreints de l'énergique sentiment qu'inspirait Juvénal, lorsqu'il disait..... : *facit indignatio versum.* Au point de vue des passions politiques, il y a là quelque chose de peu ordinaire. Néanmoins, en y réfléchissant, cela s'explique ; 1° parce qu'il est impossible de contester des faits d'hier qui se sont passés à la face du soleil et sous les yeux de toute une nation ; 2° parce qu'ils n'ont été constatés ni avec les rancunes ou les préventions de l'esprit de parti, ni sous l'influence d'intérêts matériels quelconques que ces faits auraient pu frustrer ; mais en honnête homme, mais en ami de l'humanité, et dès lors dans des intentions dont la droiture, la moralité ont été comprises et appréciées de tous. Quand des travaux historiques ont reçu une sanction aussi générale, aussi complète du vivant même de l'auteur, tenez-les pour marqués d'un sceau destiné à en perpétuer l'importante autorité. Or, un écrivain qui conquiert et mérite cette position littéraire élevée, doit naturellement figurer dans un recueil consacré à tous les genres d'illustrations nationales.

M. Charles de Lacretelle est né à Metz, en 1769, d'un avocat distingué au parlement de cette ville. Il vint à Paris avec son frère aîné, au moment où la révolution venait d'éclater, c'est-à-dire au commencement de 1790. Il paraît qu'il en adopta d'abord les principes généreux d'ailleurs, et nous n'avons pas de peine à le croire, car tous les esprits éclairés de l'époque lui en avaient donné l'exemple ; mais, comme eux aussi, il répudia bientôt les conséquences extrêmes qu'on en déduisait dans leur application ; M. de Lacretelle se voua aux études sérieuses vers lesquelles le portait la maturité précoce de ses idées. Il concourut à la rédaction des principaux journaux qui défendaient la monarchie contre les entreprises de la Constituante, et un peu plus tard, de l'Assemblée législative. Ce début révéla en lui un remarquable talent d'analyse, réhaussé par la merveilleuse sagacité avec laquelle il mettait au grand jour les tendances dangereuses des actes de ce nouveau pouvoir. Il publia ensuite divers écrits sur les grands événements de la Révolution, comme complément de ceux de Rabaut-Saint-Étienne ; mais qui leur sont supérieurs par la profondeur des vues et surtout par l'esprit d'impartialité qui les a dictés. Ces écrits ont formé depuis l'ouvrage intitulé : *Précis historique de la Révolution française.* — M. Lacretelle, dont les opinions en faveur de la monarchie constitutionnelle n'avaient jamais varié, se prononça hautement, ouvertement contre la Convention, lors de la promulgation (5 fructidor — ou 22 août 1795) de la Constitution dite de l'an III, soit dans des brochures *ad hoc*, soit dans ses harangues à la section des Champs-Élysées dont il était secrétaire. Aussi fut-il proscrit après la célèbre journée du 13 vendémiaire (4 novembre de la même année); il le fut encore après celle du 18 fructidor an V (4 novembre 1797), et toujours pour la même cause, la défense des principes d'ordre, seuls propres à garantir la vraie liberté. Le Directoire le fit arrêter, et le retint prisonnier au Temple, pendant deux ans. Lorsque des jours meilleurs vinrent luire pour la France, après le 18 brumaire (9 novembre 1799) M. de Lacretelle fit partie du grand bureau de la presse, créé par un arrêté des Consuls, en date du 27 nivose an VIII (17 janvier 1800). Il devint censeur impérial des ouvrages dramatiques, en 1810; il conserva ces fonctions jusqu'en 1827. Nous verrons bientôt par quel motif honorable il perdit cette place. Vers cette époque, le journal le *Publiciste*, dont il était rédacteur en chef depuis 1807, ayant été fondu dans la *Gazette de France*, par ordre du gouvernement auquel il paraît que certaines de ses opinions portaient ombrage, M. de Lacretelle fut nommé professeur d'histoire ancienne à la Sorbonne (faculté des lettres), peu de temps après cette fusion. Appelé à l'Académie française en 1813, en remplacement d'Esménare, auteur du poème de *la Navigation*, il ne tarda pas à y occuper le fauteuil de la présidence. Louis XVIII le conserva dans ces différents postes; et ce prince éclairé, qui l'honorait de son estime particulière, lui accorda des lettres de noblesse, ainsi que la croix de la Légion-d'Honneur; mais il perdit les fonctions amovibles de censeur dramatique en 1827, et voici pourquoi : Le projet de loi sur la presse qui fut alors présenté aux Chambres, affecta péniblement le pays en général, et en particulier les amis sincères de la monarchie constitutionnelle, sauf un petit nombre d'esprits arriérés qui se disaient *royalistes purs, royalistes quand même* et dont l'ignorance présomptueuse a produit ce que nous avons tous vu : la révolution de Juillet. Or, le savant historien n'est pas un homme de parti, il est, avant tout, dévoué au principe monarchique, parce qu'il le croit avec raison le seul convenable au gouvernement de la France. En conséquence, il ne se méprit point sur la portée de cet acte impolitique, par les entraves qu'il apportait à la presse matériellement et littérairement considérée, et par suite, à la branche très importante de commerce qu'elle alimente, etc. M. de Lacretelle ne pouvait donc à cet égard que partager les sentiments de la majorité des académiciens ses collègues. Il vota l'adresse respectueuse qu'ils se proposaient de présenter dans ce sens au roi Charles X. On sait que ce projet, adopté par la Chambre des députés, fut rejeté par celle des pairs. Le ministère s'en vengea en frappant de destitution tous les titulaires de places amovibles qui avaient fait acte ostensible d'opposition à cette loi : -- c'est ainsi et pour ce motif que M. de Lacretelle perdit sa qualité et son traitement de censeur royal : tel est le résumé de sa vie honorablement active. En tant qu'historien, nous l'avons caractérisé au début de la présente notice ; complétons-là, en l'appréciant sous l'aspect purement littéraire, c'est-à-dire comme écrivain. Ici, notre tâche n'est pas difficile ; il nous suffit d'ouvrir ses livres pour y trouver les titres authentiques, si l'on peut ainsi parler, en vertu desquels M. de Lacretelle a été classé au premier rang des écrivains qui, de nos jours, ont le plus illustré notre belle langue. Vigueur, élégance et coloris dans le style ; bon goût et variété dans la coupe de la phrase ; animation et rapidité dans les récits ; méthode et clarté dans l'exposé des faits ; réflexions soudainement piquantes ou imprévues dont ces faits sont quelquefois suivis ; en un mot et généralement, M. Lacretelle, dans son style, sait souvent allier, suivant nous, la vive intelligence de Tite-Live à la profonde concision de Tacite. Notre éloignement pour tout ce qui sent la flatterie, nous fait un devoir de rappeler à cette occasion que si, d'une part, on lui accorde, en tant qu'écri-

vain, les qualités qui viennent d'être indiquées,
d'autre part, on lui reproche la fréquence un peu
abusive de l'antithèse, et spécialement dans son
Histoire de France pendant le XVIIIe siècle. L'antithèse de pensée s'y montre, en effet, par inter-
valle ; mais il n'y a pas précisément ce qu'on
a qualifié d'abus ; cela est si vrai, que ce léger
défaut est à peine saisissable dans ce beau tra-
vail, lorsqu'on en est averti avant d'en entre-
prendre la lecture : dans le cas contraire, il passe
inaperçu.

Un second reproche a été articulé par un
critique, par un seul, ce qui réduit déjà con-
sidérablement sa valeur intrinsèque, c'est celui
du manque de précision. Nous venons d'émettre
une opinion positivement opposée. Il importe
donc de prouver que la justesse de l'observation
est évidemment de notre côté, et c'est ce que
nous allons faire, en quelque sorte, pièces en
main. Choisissons, au hasard, dans l'*Histoire de
la Révolution française*, si remplie de faits cu-
rieux.

La Convention, par exemple : ce nom fait fré-
mir presque toujours..... et par fois admirer.
« Cette époque surpasse en barbarie les époques
les plus sanglantes de l'Histoire romaine ; elle
surpasse en extravagances tout ce qu'a offert de
plus sinistre et de plus absurde l'anarchie puri-

taine d'Angleterre. Elle a un règne affreux (1) qui la distingue, une épouvantable originalité de scélératesse : c'est l'athéisme dans ses calculs, dans sa férocité, dans ses joies, dans son délire, ou, si l'on veut, dans son génie. » — Que voulez-vous de plus vrai, de plus précis? — Ces deux phrases ne renferment-elles pas le texte de toute l'histoire, pour ainsi dire, de ce gigantesque pouvoir? — Passons aux portraits qu'il fait des hommes politiques du temps, à ceux entre autres qui siégent sur la *montagne* de la Convention. Le portrait moral est un genre de mérite dans lequel M. de Lacretelle n'a aucun rival, car il y excelle; c'est la profonde concision de Tacite, comme nous l'avons dit plus haut, moins son obscurité calculée : « Plus on parcourt cette *montagne*, dit-il, plus on la trouve grosse de crimes...... Le comédien Collot-d'Herbois surpasse en férocité tous les tyrans dont il a représenté les rôles. — Il ne sait que passer d'une orgie à un massacre et d'un massacre à une orgie; — Couthon lui sourit, Couthon qui avec ses sons purs et doux, avec sa voix argentine, avec toute l'expression de sa sensibilité conclut toujours par l'échafaud ; — Près de lui, Saint-Just, jeune homme insolent et féroce qui

------

(1) L'auteur fait ici allusion aux dix-huit mois du règne de la *terreur*.

rédige dans un style contourné et brillanté les sentences du crime; — Robert Lindet, prêtre athée, qui sera surnommé l'hyène révolutionnaire;..... Sieyès se tient, ou plutôt se cache dans leurs rangs.... cet homme, si célèbre autrefois, s'était tu dans la première Assemblée, parce qu'il était jaloux; maintenant il se tait, parce qu'il tremble. »

Une foule d'auteurs ont raconté les saturnales du culte de la Raison et ont employé à les décrire un grand nombre de pages, M. de Lacretelle n'en a besoin que de deux pour être aussi complet.

« Au milieu de ces ruines, au milieu de ces sanguinaires orgies, l'athéisme veut avoir son culte sous le nom de Raison.

« Hébert et Chaumette ont résolu de fonder une religion contre le ciel. Alors fut accomplie la célèbre prédiction du père Beauregard, dans laquelle les philosophes n'avaient voulu voir qu'un rêve du fanatisme épouvanté et qui montrait la beauté sans pudeur, usurpant sur l'autel, la place des Saints.

« Hébert, Chaumette, Nomoro, Vincent, l'Huilier, ceints de leur écharpe tricolore et accompagnés d'une femme voilée, se font encore une fois ouvrir la barre de la Convention. Ces pétitionnaires viennent déclarer au monde que Dieu n'est pas, et qu'il est temps de substituer à son culte celui de la Raison.

« Pour la figurer rien ne leur a paru plus convenable que de choisir une belle femme, qui sait braver les préjugés, et surtout ceux de la pudeur. Chaumette apostrophe avec enthousiasme, avec respect, la divinité dont il se déclare le pontife. *Tombez, dit-il, en face d'un grand peuple et de son auguste Sénat, tombez, voiles de la Raison.*

« Le voile tomba, et dans la divinité nouvelle, on reconnaît une danseuse de l'Opéra, habituée à figurer sur cette scène magique, les Vénus qui descendent périlleusement les nuages. Quelques uns des conventionnels ne peuvent résister au dégoût que leur inspire une telle scène et osent sortir; quelques autres mêlent au rire les lascives saillies de leur imagination; le plus grand nombre feint le recueillement et le respect.

« La terreur a déjà créé des hypocrites pour le culte nouveau. La déesse a reçu l'accolade fraternelle du président; puis, montée sur un char magnifique, et suivie d'un tumultueux, grotesque et infâme cortège, elle vint dans l'antique et imposante cathédrale, prendre la place du *Saint des Saints* : dès ce jour l'église de Notre-Dame fut appelée le temple de la Raison. »

Ces citations, bien que peu nombreuses, suffisent à démontrer, nous le croyons, que la con-

cision, loin de faire défaut au style de M. de Lacretelle, est, au contraire, une des qualités do-
minantes de ses ouvrages, dont voici les titres :

Précis historique de la Révolution française, 1
fort volume in-18 ; — *Histoire de la Révolution
française*, 8 vol. in-8° ; — *Histoire de France
pendant le XVIIIe siècle*, 10 vol. in-8° ; — *Histoire de France, pendant les guerres de religion*,
4 vol. in-8° ; — *Histoire de la Restauration*, 4
vol. in-8° ; — *Testament philosophique et littéraire*, 2 vol. in-8° ; — *Dix années d'épreuves
sous la Terreur*, 1 vol. in-8° ; *Histoire du Con-
sulat et de l'Empire*, 4 vol. in-8°. Les deux der-
niers doivent paraître incessamment.

Presque tous ces ouvrages ont eu de cinq à
six éditions. Après des faits aussi patents qui
attestent l'importance et le mérite des travaux
de M. de Lacretelle, tout autre développement
serait superflu.

T. DE L***.

FIN.

Imprimerie de Mme DE LACOMBE, rue d'Enghien, 12.

www.ingramcontent.com/pod-product-compliance
Lightning Source LLC
Chambersburg PA
CBHW061500050726
47593CB00004B/1711